Zohaib Hassan
Mohammad Fawad

Projeto de procura de emprego baseado em Android

Zohaib Hassan
Mohammad Fawad

Projeto de procura de emprego baseado em Android

ScienciaScripts

Imprint

Cover image: www.ingimage.com

This book is a translation from the original published under ISBN 978-620-2-01331-4.

Publisher:
Sciencia Scripts
is a trademark of
Dodo Books Indian Ocean Ltd. and OmniScriptum S.R.L publishing group

120 High Road, East Finchley, London, N2 9ED, United Kingdom
Str. Armeneasca 28/1, office 1, Chisinau MD-2012, Republic of Moldova, Europe
Printed at: see last page
ISBN: 978-620-7-67533-3

Índice

Agradecimentos

Em nome de Deus, o mais bondoso e o mais misericordioso

Gostaria de agradecer ao meu pai, M. Nazif, e ao meu querido amigo Fawad, que me apoiaram em todos os momentos, tanto a nível financeiro como moral...

Gostaria também de agradecer ao Ch. Muhammad Shahzad Faisal pela sua orientação e por me encorajar a trabalhar com afinco e inteligência. Considerei-o muito útil quando discuti as questões de otimização neste trabalho de dissertação. Os seus comentários críticos sobre o meu trabalho fizeram-me certamente pensar em novas ideias e técnicas nos domínios da otimização e da simulação de software.

Estou grato a Deus Todo-Poderoso, que nos fornece todos os recursos de todos os tipos, para que os utilizemos corretamente em benefício da humanidade. Que Ele continue a fornecer-nos todos os recursos e a orientação para continuarmos a ajudar a humanidade.

Resumo

O nosso objetivo é fazer corresponder com precisão e eficiência os candidatos a emprego e as empresas e minimizar os problemas de um candidato para encontrar um emprego correto. A nossa aplicação tem várias características úteis. Os "candidatos a emprego" podem colocar todos os seus dados e podem ver e modificar os dados apresentados. Os estudantes que são supostamente candidatos a emprego podem candidatar-se ao posto necessário. O "empregador" ou a empresa podem publicar os pormenores de que necessitam. Podem procurar os potenciais candidatos para a sua empresa através da proposta "Android Based Jobs Application". O "Administrador" pode atualizar a conceção do portal, descarregar os arquivos e gerir a comunicação entre o portal e a aplicação Android.

Capítulo 1

Introdução

1 Introdução

Com o aparecimento da Internet e dos telemóveis andróides, a maioria das pessoas começou a procurar emprego online. As pessoas estão a utilizar muito mais a Internet do que os meios de comunicação impressos para encontrar empregados adequados para as suas organizações. No passado, os jornais eram utilizados para procurar emprego. A procura de emprego através dos jornais é morosa. Os jornais não podem tratar dos dados completos dos empregadores e não mostram os dados do candidato a emprego. A "aplicação de procura de emprego baseada em Android" proposta ajudará a encontrar recrutadores e candidatos a emprego. Foram incorporadas várias funcionalidades na aplicação Android proposta, como os dados do empregador e do candidato a emprego. Facilitará os sistemas administrativos de emprego convencionais. Foram propostos os seguintes módulos.

1.1 Módulo do candidato a emprego

Este módulo fornece funcionalidades para os candidatos a emprego

- Os candidatos podem publicar os seus currículos com dados pessoais e profissionais
- Podem atualizar o currículo com a frequência necessária
- O candidato pode também consultar as actuais vagas disponíveis
- Os candidatos a emprego também podem receber alertas por correio eletrónico quando os seus currículos são seleccionados pelos empregadores

1.2 Módulo empregador de emprego

Este módulo fornece funcionalidades relacionadas com os empregadores

- Os empregadores podem publicar informações sobre as vagas e actualizá-las sempre que necessário
- Os empregadores podem pesquisar os currículos dos candidatos com base em diferentes critérios
- Todas estas funções serão tratadas pelo módulo de administração

1.3 Módulo de Administração

Este módulo fornece funcionalidades relacionadas com o administrador

Um administrador gere

- Candidatos
- Empregadores
- Conteúdo académico
- Portal Web - Gestão de dados de aplicações Android

Capítulo 2

Análise

1.4 Sistema atual

A partir do estudo da literatura, verifica-se que foram concebidas várias aplicações para a procura de emprego, como Naukri.com [1], Shine.com [2], Rozee.pk[3], etc. Estas aplicações trouxeram a revolução de transformar a forma tradicional de procura de emprego num avanço tecnológico denominado "Portal de emprego em linha".

Problemas identificados nos actuais portais Web

- Aumento da duplicação indesejada nos postos de trabalho.
- Ausência da função de notificação do telemóvel Android
- Falta de opção de pesquisa avançada
- Existência de grandes envios de spam
- Duplicação de empregos - Por vezes, os candidatos a emprego não conseguiam contactar os empregadores que tinham originalmente publicado o emprego
- Não há feedback adequado através do portal depois de o empregador ter visto o perfil

1.5 Sistema proposto

Propusemos uma aplicação de procura de emprego baseada no Android, juntamente com a sua interface baseada na Web. A visão geral da arquitetura é apresentada na figura 2.1

- A aplicação baseada no Android ajudará os estudantes a procurar um emprego adequado para eles através de notificação.
- Foi planeado um portal Web onde as empresas publicarão empregos, estágios e outras informações sobre bolsas de estudo.

O nosso objetivo é fazer corresponder com precisão e eficiência os candidatos a emprego e as empresas e minimizar os problemas dos candidatos para encontrar um emprego correto. O aplicativo proposto é fácil de usar e ajudará os recém-formados a encontrar empregos facilmente. A nossa aplicação terá as seguintes características.

Os candidatos a emprego podem introduzir todos os seus dados e podem ver

- O empregador pode publicar e gerir empregos em qualquer altura, sem demora
- O empregador pode recolher documentos de candidatura em formato eletrónico e enviar currículos em lote para análise
- Os empregadores podem publicar todos os tipos de oportunidades remuneradas e não remuneradas
- Os empregadores podem fornecer claramente os pormenores das suas necessidades
- Os empregadores podem publicar os candidatos correspondentes para a sua empresa através desta aplicação de procura de emprego baseada no Android

1.6 Requisitos suplementares

O utilizador deve concordar com todos os termos e condições fornecidos pelo administrador do sistema, pela autoridade local e deve obedecer a todas as normas e protocolos internacionais.

1.6.1 Requisitos funcionais

Requisitos de função	Descrição	Prioridade
Recrutador publicar empregos	Quando o recrutador publica o emprego neste sítio, de acordo com o perfil correspondente, vê os empregos	1
Utilizador Aplicar empregos	Se o perfil do utilizador corresponder, este pode candidatar-se a empregos	1
Administrar empregos	O administrador pode ver os pormenores de um emprego publicado e, se necessário, pode eliminá-lo.	1
Administrar Recrutador	O administrador pode também verificar o recrutador e verificar os dados da empresa	2

	e, se necessário, pode eliminar	
Administrar candidatos a emprego	O administrador pode verificar os candidatos a emprego e verificar os pormenores e, se necessário, pode eliminar.	2
Gerir posto de trabalho	O recrutador pode verificar o número de candidatos a emprego que se candidataram ao emprego publicado por esse recrutador e pode também eliminar o emprego publicado.	2
Carregar CV	O utilizador pode carregar o seu curriculum citae.	1
Descarregar Esqueci-me da palavra-passe	O utilizador pode descarregar a sua própria palavra-passe caso se tenha esquecido dela.	1
Candidatos a emprego procuram emprego	Os candidatos a emprego podem procurar emprego de acordo com as suas competências-chave ou com a sua categoria profissional	1

1.6.2Pré-requisitos

Seguem-se os pré-requisitos do projeto "Android Based Jobs Finder".

- Jdk-1.6 ou superior deve ser instalado e JAVA_HOME deve ser configurado
- Wamp 0r Xamp devem ser instalados
- O kit de ferramentas Android Studio IDE (Desenvolvimento) deve ser instalado no

sistema do programador (Nota - Não é necessário para executar a aplicação android).

2.3.3 Pilha de tecnologias

A fim de alcançar os objectivos ou metas do projeto, serão seguidas as seguintes etapas de implementação:

- Conceber uma aplicação Web para o nosso projeto Android Based Jobs Finder.
- Preencher os dados na base de dados MySQL.
- Conceber uma aplicação Android completa com pesquisa de emprego.
- Conceber um portal Web completo com funcionalidades completas de procura e publicação de emprego.

2.3.3.1 Ferramentas e técnicas

- Kit de desenvolvimento Android (Ref: http://developer.android.com/sdk/index.html)
- PhP e MySQL
- Design de GUI Bootstrap (http://getbootstrap.com/)
- J-Query (para conceção de interfaces gráficas) (http://jquery.com)

Capítulo 3

Conceção do projeto

3.1 Metodologia

O ciclo de vida do processo Agile Web Engineering (AWE) foi utilizado na conceção e desenvolvimento do sistema. O AWE é um processo iterativo e incremental que foi desenvolvido para lidar com os problemas associados ao desenvolvimento de aplicações baseadas na Web e facilitar a identificação dos critérios que serão utilizados para selecionar os problemas que devem ser abordados em primeiro lugar. A vantagem deste tipo de processo é que as lições aprendidas nas iterações anteriores serão aplicadas nas fases seguintes. O AWE identifica todas as principais fases que devem ser abordadas durante o desenvolvimento de aplicações Web, incluindo a análise comercial, os requisitos, a conceção, a implementação, os testes e a avaliação. No desenvolvimento do sistema, a Linguagem de Modelação Unificada (UML) foi utilizada como guia para criar uma aplicação Web bem construída. O investigador realizou entrevistas com os inquiridos apropriados, analisou e reviu os portais de emprego existentes e analisou documentos relacionados com o emprego para determinar os requisitos adequados necessários para conceber e desenvolver o Localizador de empregos baseado no Android.

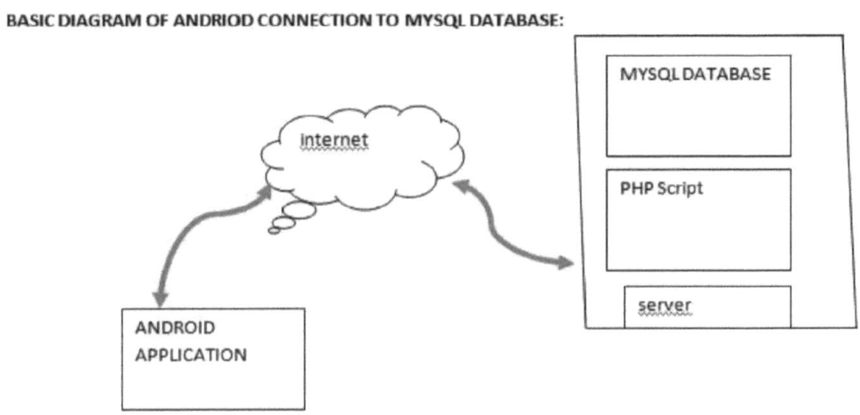

Figura 3-1 Figura de exemplo para aplicação de protótipo

3.2 Descrição geral da arquitetura

O diagrama explica as interacções globais dos módulos e das suas colocações.

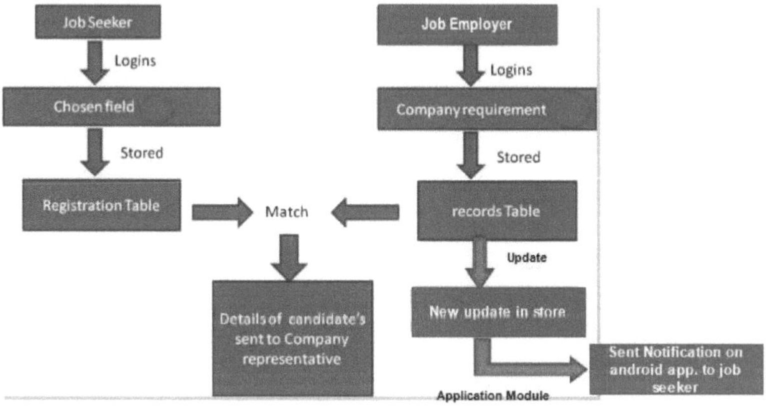

Figura 3.2 Diagrama de síntese da arquitetura

3.3 Casos de utilização e diagramas de casos de utilização

A conceção do Android Based Jobs Finder deve servir de ferramenta para os candidatos a emprego tornarem a sua procura de emprego eficaz e para os empregadores disporem de uma lista de possíveis candidatos para os seus lugares vagos. O portal de emprego pode ser acedido tanto por quem procura emprego como por empregadores para visualizar as informações necessárias. Os candidatos a emprego podem facilmente atualizar as informações relevantes para a sua candidatura. Por outro lado, um administrador será a pessoa autorizada a atualizar periodicamente as informações sobre as ofertas de emprego apresentadas pelas entidades patronais.

O diagrama UML de casos de utilização para o sistema de procura de emprego baseado no Android é apresentado abaixo. Os vários participantes no mesmo são apresentados em pormenor

Actores: - Candidatos a emprego, Empregador, Administrador

Os casos de utilização correspondentes a estes actores são

3.3.1 Candidato a emprego

Descrição: O candidato a emprego Resumido principalmente no

Dados: a) Dados da conta que incluem o nome, o nome de utilizador, a palavra-passe e um endereço de correio eletrónico válido

b) Detalhes do currículo que são categorizados de acordo com informações pessoais, educação, histórico do empregador, competências, referências e

c) Detalhes da carta de apresentação, incluindo um título e uma descrição

3.3.2 Empregador de trabalho

Descrição: O empregador do trabalho resumido principalmente no

Dados: a) Dados da conta que incluem o nome, o nome de utilizador, a palavra-passe e um endereço eletrónico válido.

endereço postal

b) Dados da empresa, que incluem o nome da empresa, a categoria, o nome do contacto, os dados de contacto e a descrição e

c) detalhes do anúncio de emprego que consistem principalmente no título do emprego, empresa, categoria, tipo de emprego, faixa salarial, horas de trabalho, habilitações literárias mais elevadas, número de empregos disponíveis para um determinado anúncio de emprego, anos de experiência necessários, descrição, qualificações e competências preferenciais dos potenciais candidatos

3.3.3 Administrador de aplicações

Descrição: O Administrador resumiu principalmente no

Detalhes:

a) Funcionalidades relacionadas com o administrador

b) O administrador gere toda a aplicação

c) Actualiza os perfis dos candidatos e dos empregadores

d) Gerir também a notificação da aplicação android

3.4 Diagramas de casos de utilização

3.4.1 Candidato a emprego

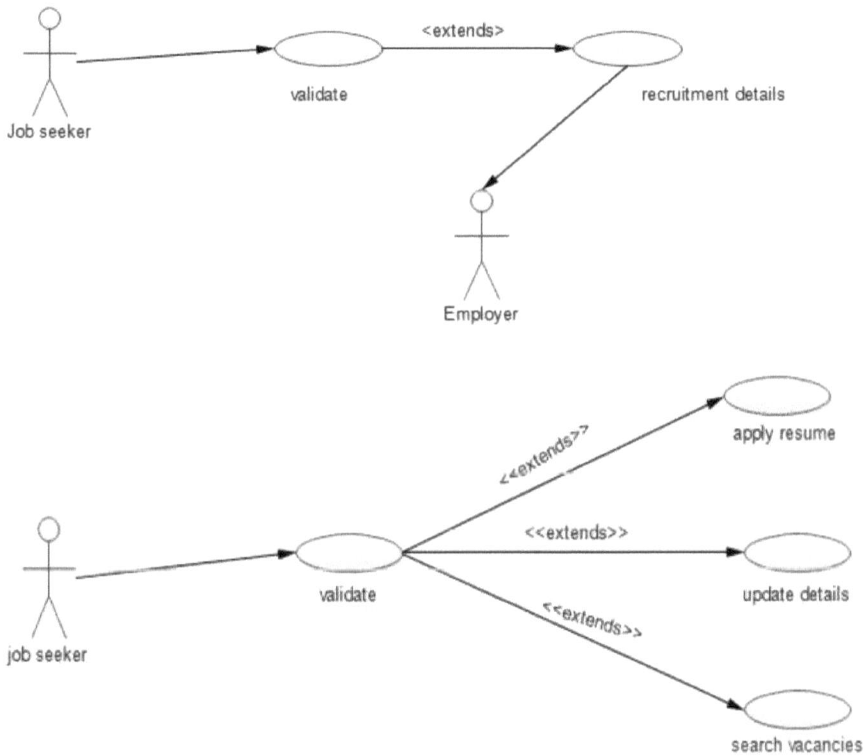

Figura 3-3 Diagrama de casos de utilização para quem procura emprego

3.4.2 Emprego Empregador

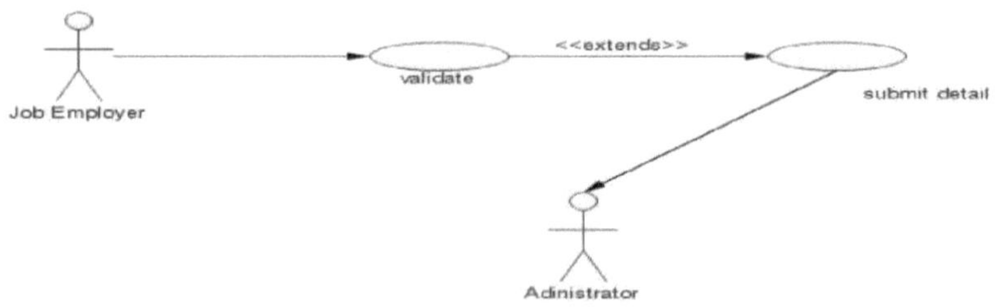

Figura 3-4 Diagrama de casos de utilização para o empregador de emprego

3.4.3 Administrador

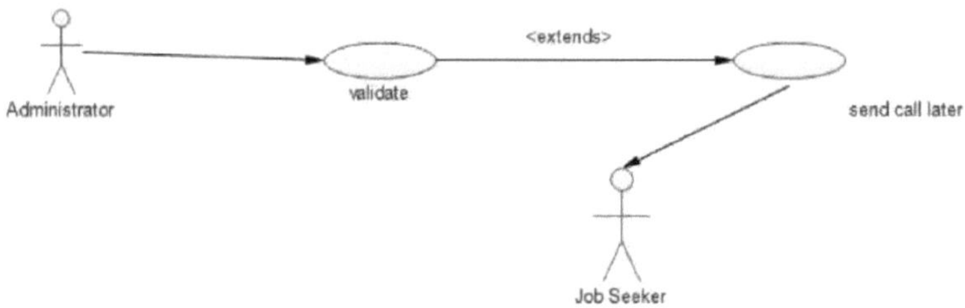

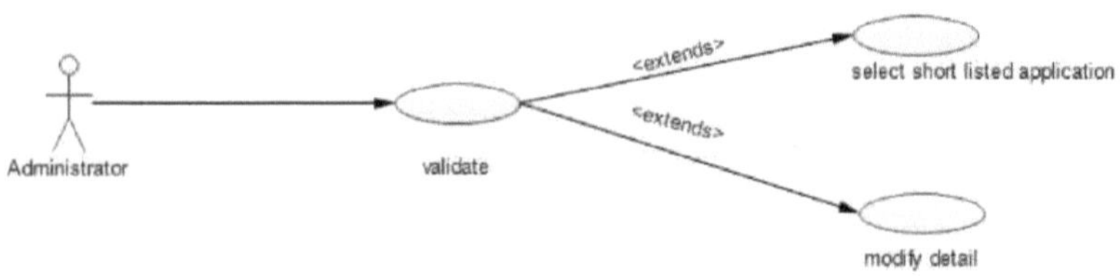

Figura 3-5 Diagrama de casos de utilização para o administrador

3.5 Diagramas de sequência

3.5.2 Candidato a emprego

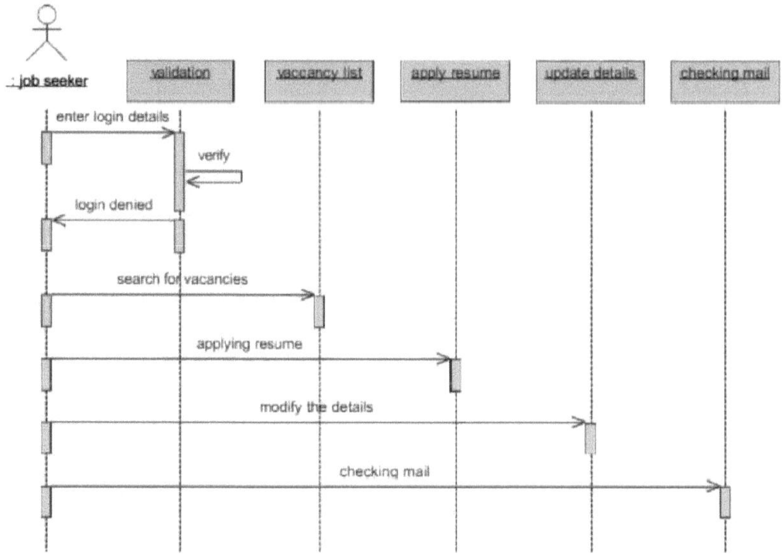

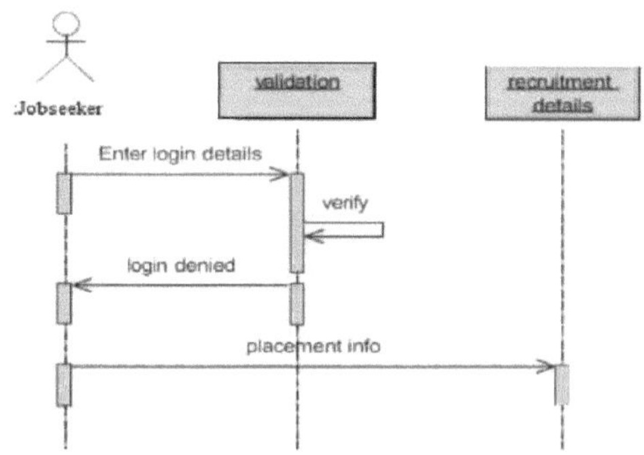

Figura 3-6 Diagrama de sequência para quem procura emprego

3.5.2 Emprego Empregador

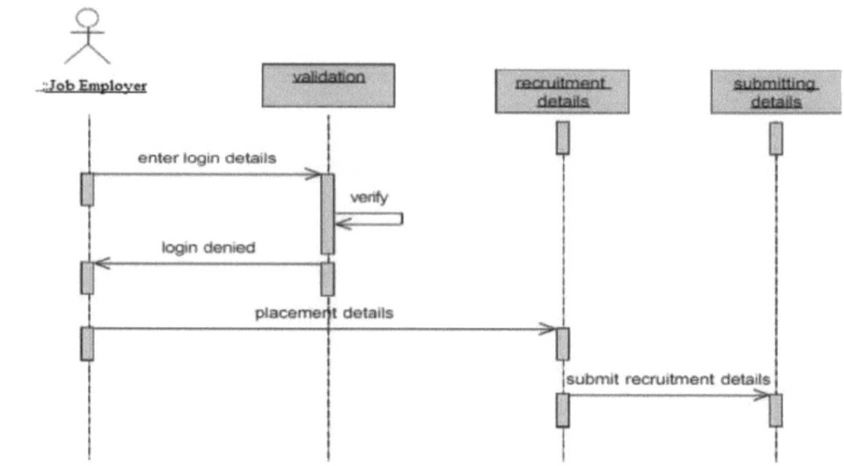

Figura 3-7 Diagrama de sequência para o Job Employer

3.5.3 Administrador

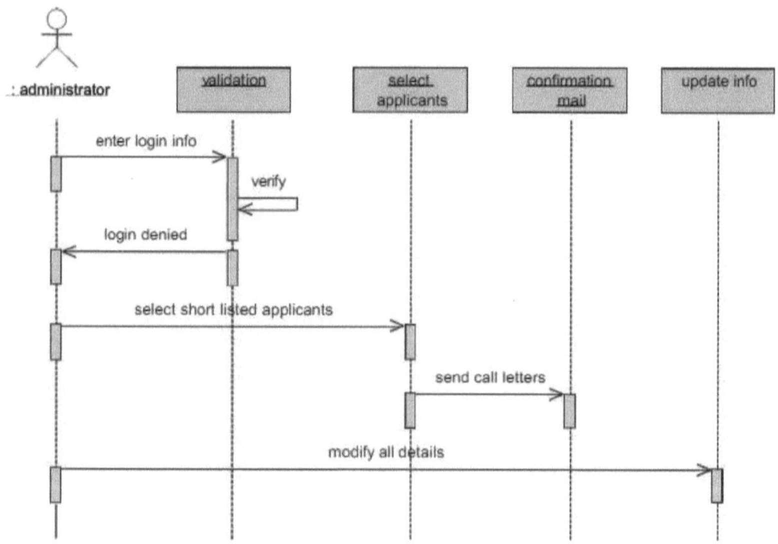

Figura 3-8 Diagrama de sequência para o administrador

3.6 Diagrama de actividades

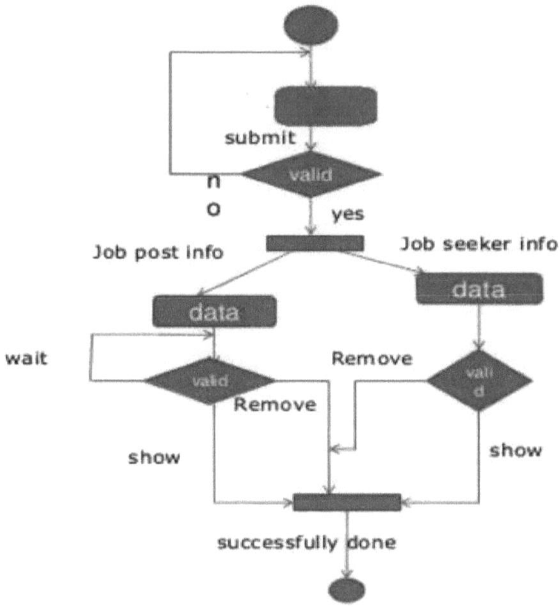

Figura 3-9 Diagrama de actividades

Capítulo 4

Implementação

O analista de implementação de software assegura que as implementações de novas aplicações ou actualizações são planeadas e executadas corretamente. Actua como uma ponte entre o programador de software e a equipa de infraestrutura de TI que trata da instalação e manutenção, diz Carlo Carbetta, vice-presidente de desenvolvimento de operações da CIO Partners, uma empresa de pesquisa de executivos. Determinam se as aplicações são compatíveis com os sistemas existentes e planeiam o trabalho de personalização ou integração. Esta pessoa pode estar envolvida em testes, na criação de documentação e no contacto com os utilizadores finais

Implementámos a conceção sugerida utilizando as seguintes fases

4.1 Ferramentas

4.1.1 IDE Android Studio

O Android Studio é um ambiente de desenvolvimento integrado (IDE) para desenvolvimento na plataforma Android. Foi anunciado a 16 de maio de 2013 na conferência Google I/O pela gestora de produtos da Google, Katherine Chou. O Android Studio está disponível gratuitamente ao abrigo da licença Apache 2.0

O Android Studio é o IDE oficial para o desenvolvimento Android e, com um único download, inclui tudo o que precisa para começar a desenvolver aplicações Android:

- IntelliJ IDE + plug-in do Android Studio
- Ferramentas Android SDK
- Ferramentas da plataforma Android
- Uma versão da plataforma Android
- Uma versão da imagem do sistema Android para o emulador

4.1.2 Plug-in Gradle para Android

O sistema de compilação Android consiste num plugin Android para o Gradle. O Gradle é um kit de ferramentas de construção avançado que gere dependências e permite-lhe definir uma lógica de construção personalizada. O Android Studio usa um wrapper Gradle para integrar totalmente o plug-in Android para Gradle. O plug-in do Android para Gradle também é executado independentemente do Android Studio. Isto significa que pode construir as suas aplicações Android a partir do Android Studio e da linha de comandos no seu computador ou em computadores onde o Android Studio não está instalado (como servidores de integração contínua).

4.1.3 SDK de aplicação Android (API 15)

Estamos a utilizar a API 15 para a nossa aplicação android. A API 15 é a melhor API para ligar a aplicação android a aplicações/serviços Web.

4.1.4 Alojamento gratuito para serviços Web

Estamos a utilizar o serviço Web para receber notificações na aplicação android.

4.1.5 Aplicações existentes

Iniciámos o projeto com uma análise das aplicações existentes. As aplicações existentes estão bem explicadas no capítulo anterior.

4.1.6 Diagramas de engenharia

O passo seguinte foi a criação dos diagramas de engenharia. Criámos os diagramas de casos de utilização. Depois de criar os diagramas de casos de utilização, criámos o trabalho de backend dos casos de utilização através da criação de diagramas de sequência.

4.1.7 Desenvolvimento de módulos

Depois de criar os diagramas, recolhemos as ferramentas necessárias para desenvolver esta aplicação. As ferramentas consistem no IDE do Android Studio e no SDK do Web Servicing Allowing.

4.1.8 Integração de sistemas

A etapa seguinte consistiu em integrar os módulos e criar a aplicação final para a Web e para o Android

4.2 Componentes principais

Seguem-se os principais componentes que requerem uma atenção especial do ponto de vista do programador. Não pretendemos apresentar o código nesta discussão, mas os componentes de hardware e software são explicados utilizando diagramas de estado e pseudo-código, e são discutidos de forma crítica. A importância dos principais componentes com a sua implementação é elaborada. Além disso, explicamos as abordagens adoptadas, juntamente com as suas vantagens e/ou limitações.

4.2.1 Módulos principais do sítio Web

Existem três classes principais que são apresentadas a seguir.

4.2.1.1 Administrador

```
  <!-- Breadcrumbs -->
  <p id="breadcrumbs">You are here: <a href="index.php">Home</a></p>
 <hr class="noscreen" />

</div> <!-- /strip -->

<!-- Content -->
<div id="content">


  <!-- /article -->

  <hr class="noscreen" />


  <!-- /article -->

  <hr class="noscreen" />

  <!-- Article -->

  <!-- /article -->

  <hr class="noscreen" />

  <!-- Article -->
  <div class="article">
```

4.2.1.2 Emprego Empregador Classe

```
<!-- Page (2 columns) -->
    <div id="page" class="box">
    <div id="page-in" class="box">

        <div id="strip" class="box noprint">

            <!-- RSS feeds -->
            <hr class="noscreen" />

            <!-- Breadcrumbs -->
            <p id="breadcrumbs"> </p>
          <hr class="noscreen" />

        </div> <!-- /strip -->

        <!-- Content -->
        <div id="content">


            <!-- /article -->

            <hr class="noscreen" />


            <!-- /article -->

            <hr class="noscreen" />
```

4.2.1.3 Aula para candidatos a emprego

```
    <!-- Breadcrumbs -->
    <p id="breadcrumbs"> </p>
  <hr class="noscreen" />

</div> <!-- /strip -->

<!-- Content -->
<div id="content">


    <!-- /article -->

    <hr class="noscreen" />


    <!-- /article -->

    <hr class="noscreen" />

    <!-- Article -->

    <!-- /article -->

    <hr class="noscreen" />
```

4.2.1.4 Aula para candidatos a emprego

```
<uses-sdk
    android:minSdkVersion="15"
    android:targetSdkVersion="15" />
<uses-permission android:name="android.permission.INTERNET"/>
<uses-permission android:name="android.permission.RECEIVE_BOOT_COMPLETED"/>
<application
    android:allowBackup="true"
    android:icon="@drawable/ic_launcher"
    android:label="You have recieve notification!"
    android:theme="@style/AppTheme" >

    <activity android:name=".NotificationView"
        android:label = "Details"
        android:noHistory="true"></activity>

    <activity
        android:name=".MainActivity"
        android:label="You have recieve notification!" >
        <intent-filter>
            <action android:name="android.intent.action.MAIN" />
```

4.2.2 Classes principais do Android

4.2.2.1 Classe AndroidManifest

```
<uses-sdk
    android:minSdkVersion="15"
    android:targetSdkVersion="15" />
<uses-permission android:name="android.permission.INTERNET"/>
<uses-permission android:name="android.permission.RECEIVE_BOOT_COMPLETED"/>
<application
    android:allowBackup="true"
    android:icon="@drawable/ic_launcher"
    android:label="You have recieve notification!"
    android:theme="@style/AppTheme" >

    <activity android:name=".NotificationView"
        android:label = "Details"
        android:noHistory="true"></activity>

    <activity
        android:name=".MainActivity"
        android:label="You have recieve notification!" >
        <intent-filter>
            <action android:name="android.intent.action.MAIN" />
```

4.2.2.2 Classe MainActivity

```
public static final int hour = 22;
public static final int min = 00;
public static final int repeat = 1;

@Override
protected void onCreate(Bundle savedInstanceState) {
    super.onCreate(savedInstanceState);
    setContentView(R.layout.activity_main);
    startAlert();

}

public void startAlert() {

    try{
        Intent intent = new Intent(this, MyBroadcastReceiver.class);
        PendingIntent pendingIntent = PendingIntent.getBroadcast(
                this.getApplicationContext(), 234324243, intent, 0);

        AlarmManager alarmManager = (AlarmManager) getSystemService(ALARM_SERVICE);

        Calendar calendar = Calendar.getInstance();
        calendar.setTimeInMillis(System.currentTimeMillis());
        calendar.set(Calendar.HOUR_OF_DAY, hour);
        calendar.set(Calendar.MINUTE, min);


        alarmManager.setRepeating(AlarmManager.RTC_WAKEUP, calendar.getTimeInMillis(),
                1000 * 60 * repeat, pendingIntent);
```

4.2.2.3 Classe MyBroadcastReciever

```
public class MyBroadcastReceiver extends BroadcastReceiver {

    private Context CC;

    @Override
    public void onReceive(Context context, Intent intent) {
        CC = context;

        Log.i("URL CALL", "Alrm Receivdd , Calling URL for info");
        new ReadJSONFeedTask().execute("http://comsats.iamfree.ml//android.php");

    }

    public String readJSONFeed(String URL) {
        StringBuilder stringBuilder = new StringBuilder();
        HttpClient client = new DefaultHttpClient();
        HttpGet httpGet = new HttpGet(URL);
        try {
            HttpResponse response = client.execute(httpGet);
            StatusLine statusLine = response.getStatusLine();
            int statusCode = statusLine.getStatusCode();
            if (statusCode == 200) {
                HttpEntity entity = response.getEntity();
                InputStream content = entity.getContent();
                BufferedReader reader = new BufferedReader(
                        new InputStreamReader(content));
                String line;
                while ((line = reader.readLine()) != null) {
                    stringBuilder.append(line);
                }
```

4.2.2.4 Classe NotificationView

```
public void onResume(){
    super.onResume();

    TextView Tv ;
    Tv = (TextView) findViewById(R.id.click);


    Bundle extras = getIntent().getExtras();


    if (extras != null) {
        String fdetails = extras.getString("fullDetails");
        if (fdetails.length() > 0) {


            Tv.setText(fdetails);
            getIntent().removeExtra("fullDetails");

        } else {

            Tv.setText("Default");

        }
    }
```

4.2.2.5 Classe SampleBootReciever

```
public void startAlert()
{
    Intent intent = new Intent(CC, MyBroadcastReceiver.class);
    PendingIntent pendingIntent = PendingIntent.getBroadcast(
            CC, 234324243, intent, 0);
    AlarmManager alarmManager = (AlarmManager) CC.getSystemService(CC.ALARM_SERVICE);

    Calendar calendar = Calendar.getInstance();
    calendar.setTimeInMillis(System.currentTimeMillis());
    calendar.set(Calendar.HOUR_OF_DAY, MainActivity.hour);
    calendar.set(Calendar.MINUTE, MainActivity.min);


    alarmManager.setRepeating(AlarmManager.RTC_WAKEUP, calendar.getTimeInMillis(),
            1000 * 60 * MainActivity.repeat, pendingIntent);
```

4.3 Interface do utilizador

A interface do utilizador é uma consideração extremamente importante para qualquer projeto que exija a interação homem-máquina.

4.3.1 Interfaces das classes principais do sítio Web

4.3.1.1 Administrador

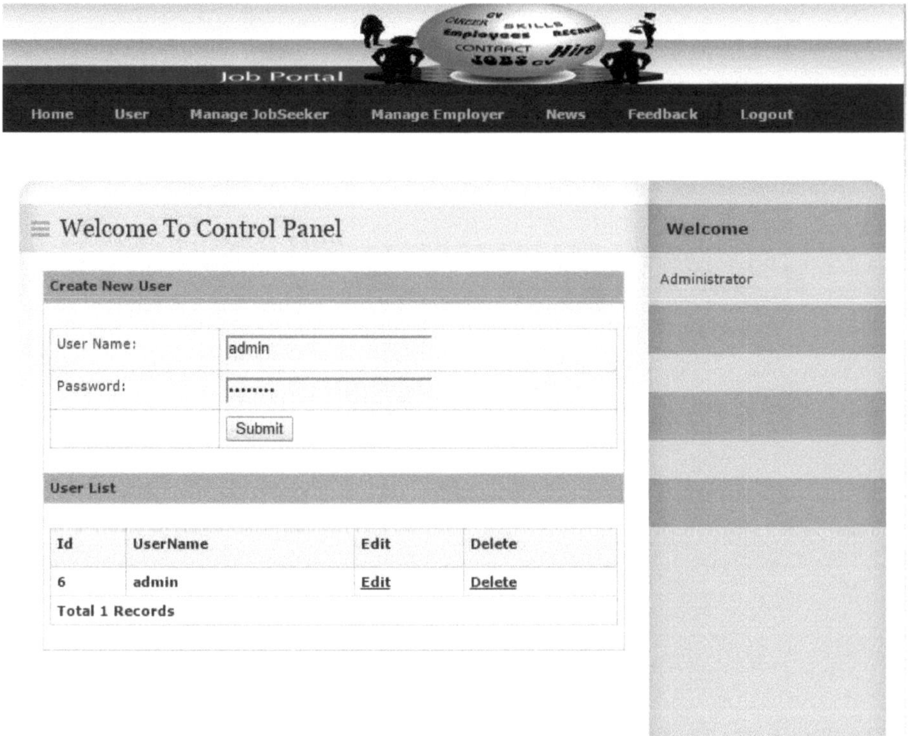

Figura 4.1 Interface de utilizador do administrador

4.3.1.2 Empregador de trabalho

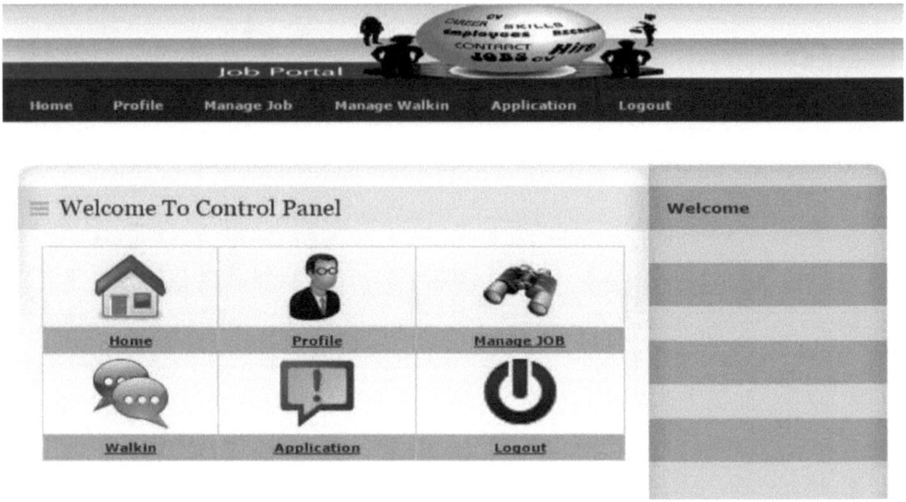

Figura 4.2 Interface de utilizador do empregador de emprego

4.3.1.3 Candidato a emprego

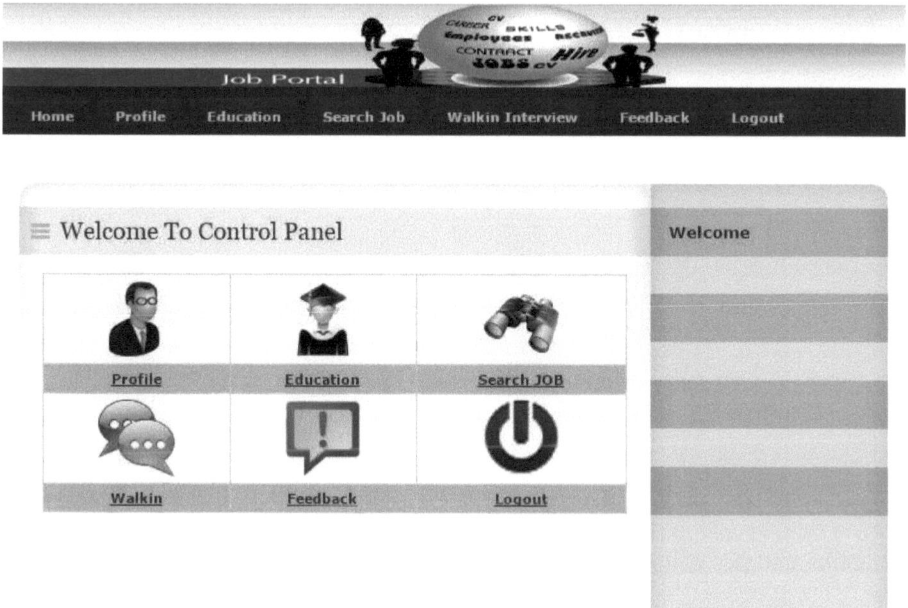

Figura 4.3 Interface de utilizador do candidato a emprego

4.3.2 Interfaces principais da aplicação Android

4.3.2.1 Atividade principal

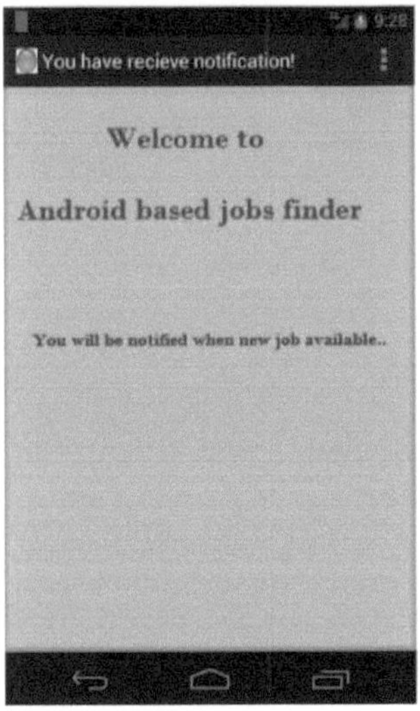

Figura 4.4 Interface de utilizador da atividade principal

4.3.2.2 Notificação

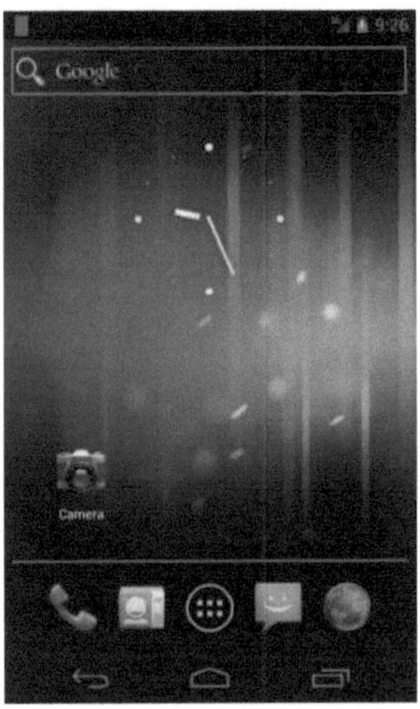

Figura 4.5 Interface de utilizador da notificação

4.3.2.3 Depois de clicar na notificação

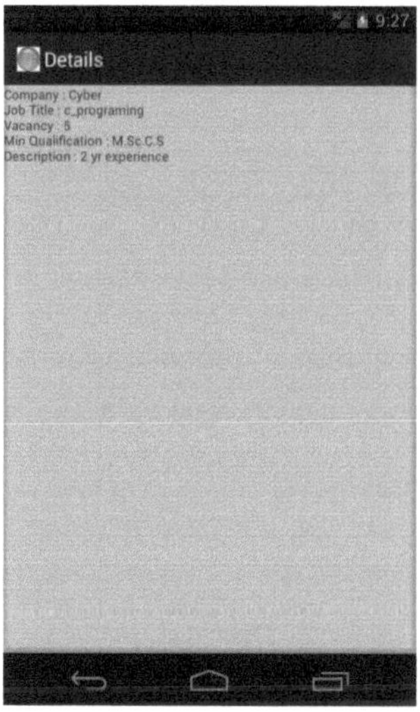

Figura 4.6 Descrição da interface do utilizador

Capítulo 5

Ensaios

5.1 Introdução

Este plano de teste irá delinear e definir a abordagem que será adoptada para realizar testes formais do sistema nas aplicações. O teste é efectuado para verificar a função do sistema.

Concentrámo-nos em testes exaustivos ao longo da fase de conceção e implementação. Ao testar os módulos da web em diferentes sistemas e a aplicação em telemóveis com Android, verificámos que as aplicações estavam a funcionar sem qualquer problema em todos os telemóveis e sistemas

5.2 Testes unitários

Cada módulo da aplicação foi testado durante o seu desenvolvimento para confirmar a sua conformidade com os respectivos requisitos. Este teste foi efectuado em módulos e componentes individuais. Os principais componentes da aplicação Web são os módulos Administrator, Job Employer e Job Seeker. Os principais componentes da aplicação androide são a recolha de dados de diferentes sítios Web e o seu envio como notificação na aplicação androide.

5.3 Teste de função

Após a integração do sistema, foram efectuados testes das funções que a aplicação irá desempenhar. Os testes foram efectuados para ligar a aplicação à aplicação Web e instalar a aplicação android no dispositivo do utilizador. Depois disso, o teste foi efectuado para confirmar se a sessão foi criada com êxito e também para verificar se a sessão permanece ativa mesmo depois de a aplicação ser reiniciada.

5.4 Objetivo

O objetivo deste teste é garantir que a funcionalidade é bem testada. E os utilizadores encontrarão um mínimo de erros nshallah quando utilizarem o sistema.

5.5 Abordagem

A equipa utilizará a documentação da proposta de projeto para a preparação dos casos de teste e relatórios necessários

As categorias testadas:

1. Atualizar sessões
2. Controlo administrativo
3. Rastrear dados de diferentes portais de emprego
4. Candidatar-se e carregar os empregos
5. Notificação automática enviada para a aplicação android

5.6 Teste de caixa preta

O teste de caixa negra é um método de teste quando não há conhecimento da funcionalidade interna ou da estrutura do sistema. Esta técnica de teste trata o sistema como uma caixa negra ou caixa fechada. O testador utiliza a descrição externa do sistema, incluindo a especificação e os requisitos, para obter as entradas e os resultados projectados (casos de teste). O testador não sabe como é que o programa chega efetivamente a esses resultados

As vantagens dos testes de caixa negra são:

- Como o testador e o programador são independentes um do outro, o teste é equilibrado e não tendencioso
- Não é necessário um conhecimento específico do código/estrutura interna da aplicação nem conhecimentos de programação em geral
- O teste é efectuado tendo em conta o ponto de vista do utilizador
- Os casos de teste podem ser concebidos quando as especificações funcionais estiverem concluídas

5.7 Testes de caixa branca

O teste de caixa branca é um método de teste quando é necessário o conhecimento da funcionalidade interna ou da estrutura do sistema. Os testadores de caixa branca têm acesso ao código-fonte e conhecem as estruturas do sistema e a funcionalidade da aplicação. Normalmente, um testador de caixa branca analisa o código-fonte, deriva casos de teste a partir do conhecimento sobre o código-fonte e, por fim, visa caminhos de código específicos para atingir um determinado nível de cobertura de código. Embora este método possa revelar muitos erros ou problemas, pode não detetar partes não implementadas da especificação ou requisitos em falta

As vantagens dos testes de caixa branca são:

- Aumento da eficiência
- Revelar falhas de código ocultas

Em conclusão, um sistema deve consistir em testes de caixa preta, bem como testes de caixa branca para garantir um exame completo do software do sistema

5.8 Função a ser testada

Este plano executará o teste específico que existe para exercitar as características fornecidas e especificadas no documento de requisitos. As características que devem ser testadas são ilustradas nas subsecções seguintes.

5.9 Atualização da sessão

Testar a capacidade da aplicação Web para manter a sessão do utilizador, a fim de receber e candidatar-se ao emprego através de contas em linha

5.10 Controlo administrativo

Permitir o controlo do administrador para o seu filho (Empregador, Candidato a emprego)

5.10.1 Controlo administrativo para o empregador do trabalho

Testar as capacidades do administrador para manter a sessão do empregador de empregos, a fim de registar a conta e publicar os empregos.

5.10.2 Controlo administrativo para candidatos a emprego

Testar as capacidades do administrador para manter a sessão do candidato a emprego, a fim de registar a conta e candidatar-se a um emprego.

5.11 Dados de rastreio

Testar a capacidade da aplicação para rastrear os dados de Rozee.pk [3]

5.12 Software para testes

Utilizámos uma fonte externa (software) appthwack[4] para testar o nosso projeto.

5.12.1 Teste de aplicações Android

As etapas seguidas para os testes

5.12.1.1 Etapa 1

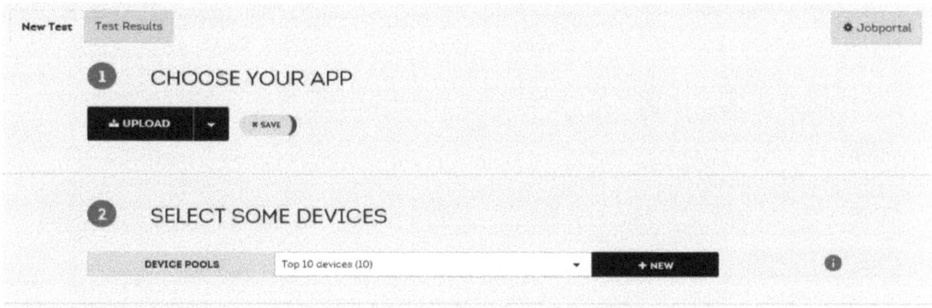

5.12.1.2 Etapa 2

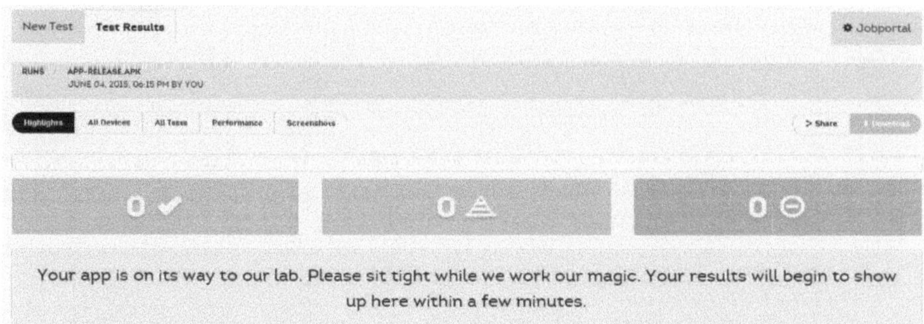

5.12.1.3 Etapa 3

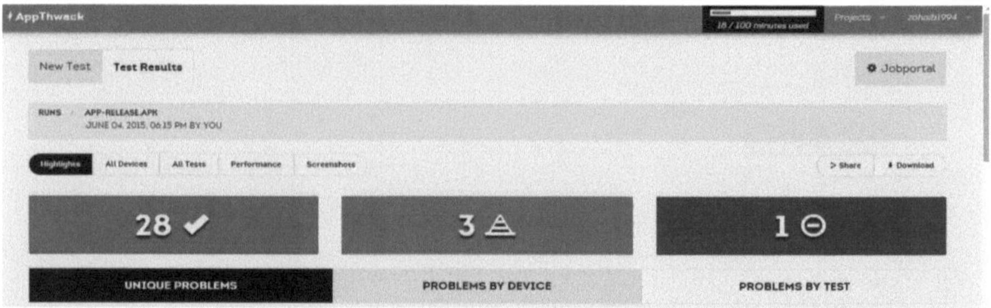

5.12.1.4 Etapa 4

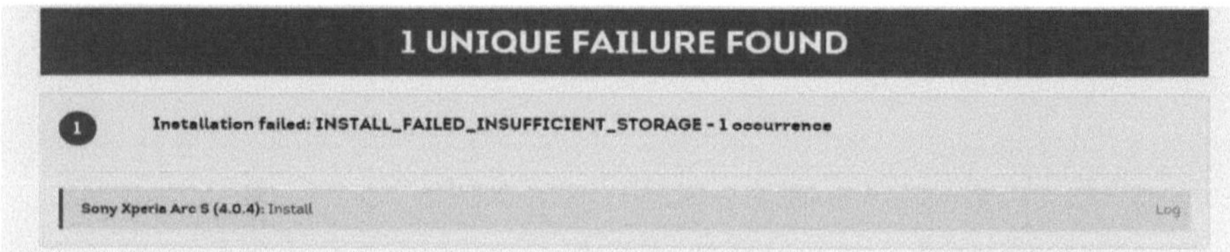

5.12.1.5 Etapa 5

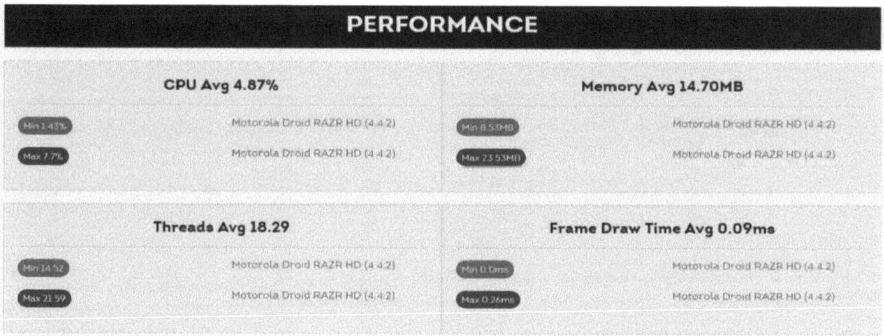

5.12.1.6 Etapa 6

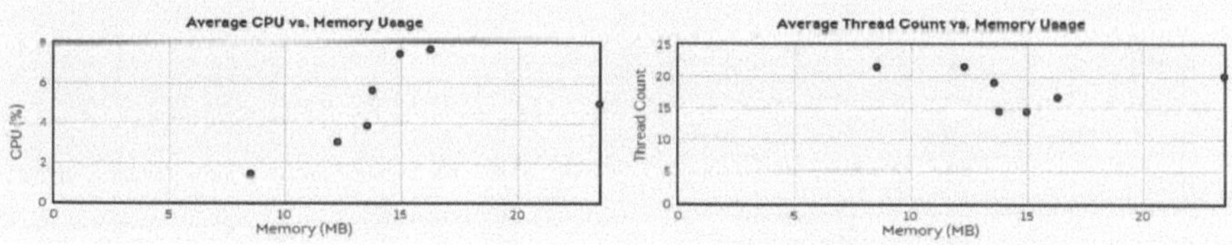

5.12.1.7 Etapa 7

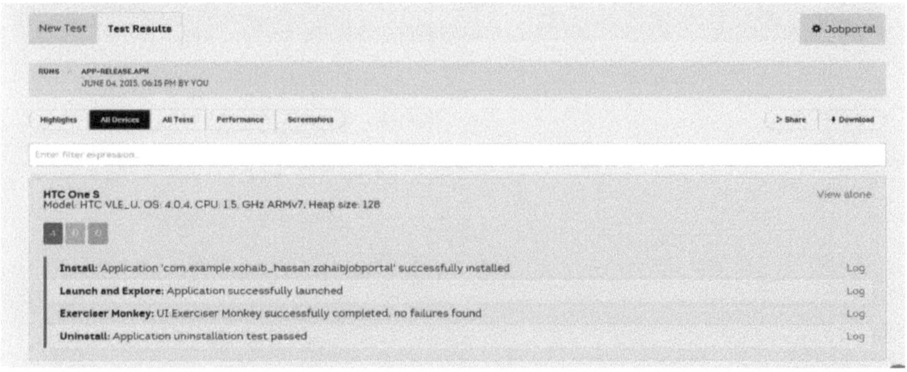

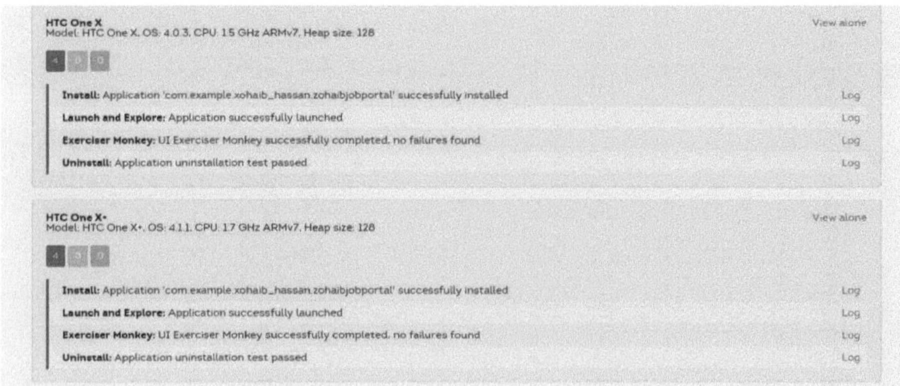

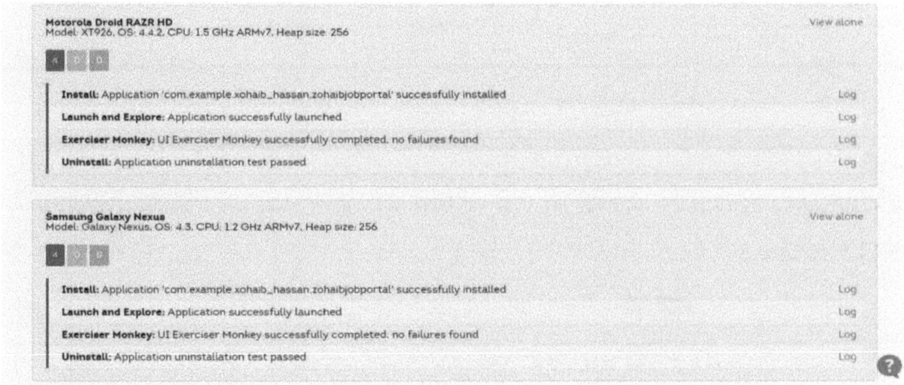
Motorola Droid RAZR HD
Model: XT926, OS: 4.4.2, CPU: 1.5 GHz ARMv7, Heap size: 256
View alone
Install: Application 'com.example.xohaib_hassan.zohaibjobportal' successfully installed
Log
Launch and Explore: Application successfully launched
Log
Exerciser Monkey: UI Exerciser Monkey successfully completed, no failures found
Log
Uninstall: Application uninstallation test passed
Log
Samsung Galaxy Nexus
Model: Galaxy Nexus, OS: 4.3, CPU: 1.2 GHz ARMv7, Heap size: 256
View alone
Install: Application 'com.example.xohaib_hassan.zohaibjobportal' successfully installed
Log
Launch and Explore: Application successfully launched
Log
Exerciser Monkey: UI Exerciser Monkey successfully completed, no failures found
Log
Uninstall: Application uninstallation test passed
Log

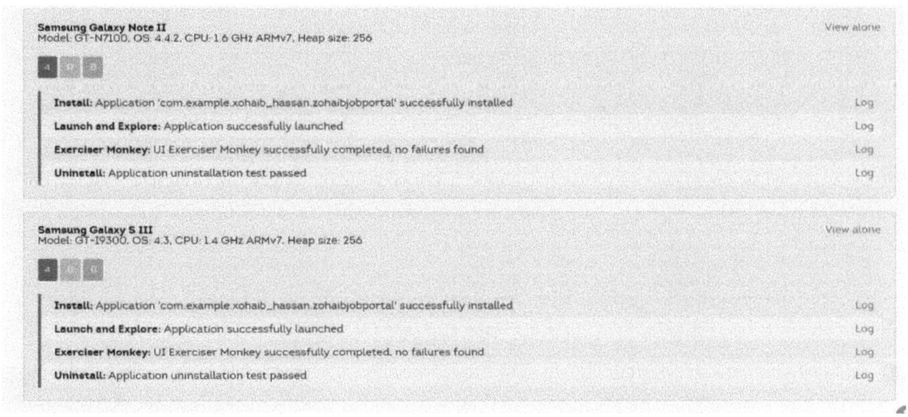
Samsung Galaxy Note II
Model: GT-N7100, OS: 4.4.2, CPU: 1.6 GHz ARMv7, Heap size: 256
View alone
Install: Application 'com.example.xohaib_hassan.zohaibjobportal' successfully installed
Log
Launch and Explore: Application successfully launched
Log
Exerciser Monkey: UI Exerciser Monkey successfully completed, no failures found
Log
Uninstall: Application uninstallation test passed
Log
Samsung Galaxy S III
Model: GT-I9300, OS: 4.3, CPU: 1.4 GHz ARMv7, Heap size: 256
View alone
Install: Application 'com.example.xohaib_hassan.zohaibjobportal' successfully installed
Log
Launch and Explore: Application successfully launched
Log
Exerciser Monkey: UI Exerciser Monkey successfully completed, no failures found
Log
Uninstall: Application uninstallation test passed
Log

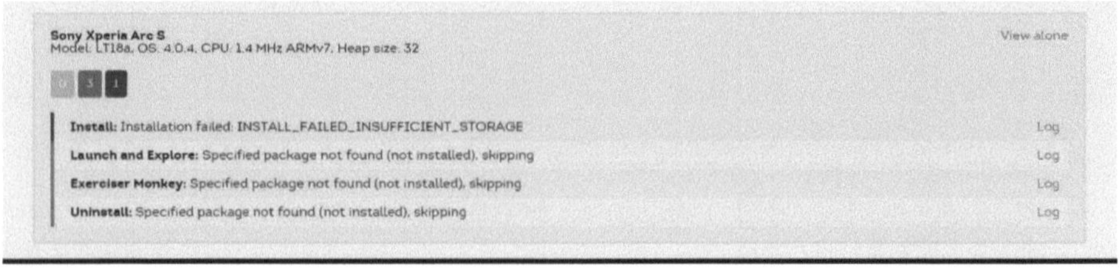

5.12.1.8 Passo 8

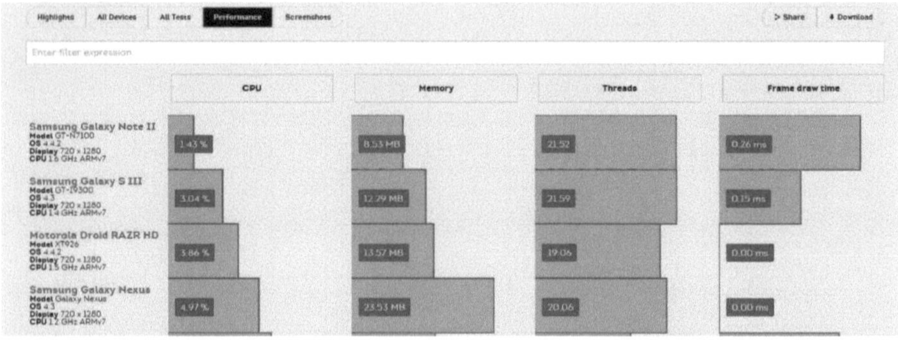

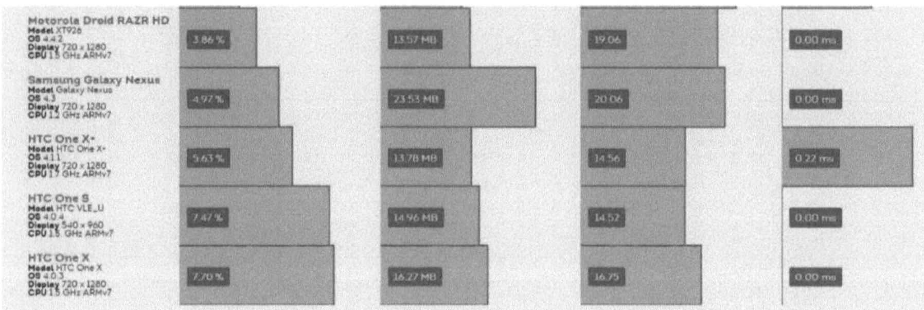

Capítulo 6

Conclusões e trabalho futuro

No futuro, tencionamos alargar o nosso trabalho com as seguintes características:

1. Suporte a vários sistemas operativos
2. Pesquisar sítios Web de emprego populares para melhorar a procura de emprego
3. Design Web mais reativo

Referências

[1] http://www.nokri.com.pk/.

[2] http://www.shine.com/job-search/.

[3] http://www.rozee.pk/

[4] https://appthwack.com/project/jobportal/run/148369?view_mode=screenshots

MIX
Papier aus verantwortungsvollen Quellen
Paper from responsible sources
FSC® C105338

FSC
www.fsc.org

Printed by Books on Demand GmbH, Norderstedt / Germany